MÉTHODE

DE

LECTURE.

MÉTHODE

DE

LECTURE,

PAR M. GOUILLÉ,

INSTITUTEUR A NANTES.

PRIX : 50 CENTIMES.

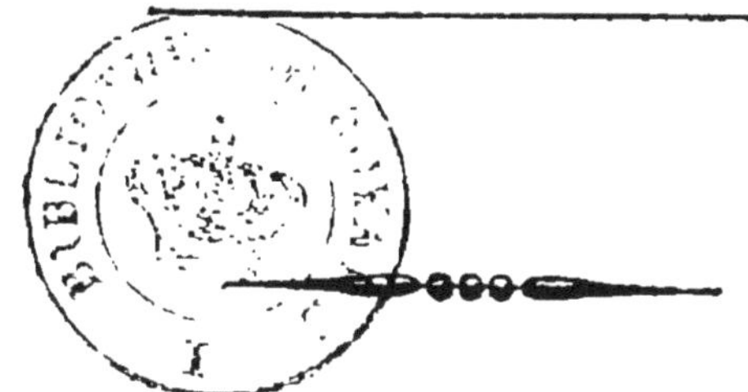

NANTES,
IMPRIMERIE DE MELLINET.

1835.

MÉTHODE

DE

LECTURE.

PREMIER EXERCICE.

LETTRES MAJUSCULES.

A B C D E F G
H I J K L M N O
P Q R S T U V X
Y Z Æ Œ W Ç.

2.e EXERCICE.

LETTRES COURANTES.

a b c d e f g h i j
k l m n o p q r s t
u v x y z æ œ w ç.

ç w z y x v u t s r q
p o n m l k j i h g f e
d c b a.

3.e EXERCICE.

LETTRES COURANTES ITALIQUES.

a b c d e f g h i
j k l m n o p q r s t
u v x y z æ œ w ç.

ç w œ æ z y x v u t s
r q p o n m l k j i h g
f e d c b a.

4.e EXERCICE.

DE L'*e* MUET.

SYLLABES.

Ai. au. be. bi. ca. ce. ci. cu. da. de. do. fa. ga. ge. la. le. li. lo. lu. ma. me. mo. ne. pa. pe. pi. po. pu. ra. re. ri. ro. sa. ve. vi.

MOTS.

1 Lu-n*e*. 2 da-m*e*. 3 ro-b*e*. 4 pa-p*e*. 5 ra-r*e*. 6 la-

me. 7 cu-re. 8 bi-le. 9 ca-ge. 10 ci-re. 11 vi-ce. 12 ra-ce. 13 mo-de. 14 la-ve. 15 ri-re. 16 fa-de. 17 ca-le. 18 li-me. 19 do-ge. 20 ma-ge. 21 ai-me. 22 pi-re. 23 lo-ge. 24 ra-ge. 25 po-re. 26 pu-re. 27 sa-ge. 28 au-ge. 29 ga-re. 30 ca-ve.

5.e EXERCICE.

DE L'é FERMÉ.

SYLLABES.

Cé. dé. di. fé. fu. gi. lé. mé.

ré. so. té. ti. to. vé. bor. cha. dou. far. fra. par. per. por. sau.

MOTS.

1 Ca-fé. 2 cu-ré. 3 ci-ré. 4 a-do-ré. 5 so-li-di-té. 6 fa-ci-li-té. 7 ci-vi-li-té. 8 fra-gi-li-té. 9 cha-ri-té. 10 mo-bi-li-té. 11 au-to-ri-té. 12 ci-té. 13 par-lé. 14 por-té. 15 dou-té. 16 la-vé. 17 per-cé. 18 fu-mé. 19 far-dé. 20 bor-dé. 21 sa-lé. 22 sau-té. 23 ti-ré. 24 ai-mé. 25 pa-vé.

6.e EXERCICE.

DE L'è OUVERT.

SYLLABES.

Ab. ac. co. ex. fè. gè. lè. mè. nè.

pè. tè. aus. ber. bre. cès. chè. chi. frè. grè. pré. pri. pro suc.

MOTS.

1 dé-cés. 2 suc-cés. 3 ac-cés. 4 pro-cés. 5 ex-cés. 6 pro-té-ge. 7 Gré-ce. 8 ab-cés. 9 fu-né-bre. 10 pé-re. 11 mé-re. 12 fré-re. 13 ché-re. 14 pré-fé-re. 15 lé-gé-re. 16 a-mé-re. 17 co-lé-re. 18 aus-té-re. 19 ber-gé-re. 20 chi-mé-re.

7.e EXERCICE.

DES VOYELLES LONGUES.

SYLLABES.

Bê, cô. fâ. fê. fo. lâ. mô. pâ. pô.

rô. tâ. te. vê. blê. che. ché. drô. grâ. maî. rêt. tir. tre. trê. trô.

MOTS.

1 cô-té. 2 fâ-ché. 3 maî-tre. 4 vê-tir. 5 pâ-te. 6 a-pô-tre. 7 â-ne. 8 â-ge. 9 lâ-che. 10 tâ-che 11 grâ-ce. 12 rô-le. 13 au-mô-ne. 14 drô-le. 15 trô-ne. 16 bê-te. 17 fê-te. 18 ex-trê-me. 19 pro-blê-me. 20 fo-rêt.

8.e EXERCICE.

RÉCAPITULATION DES EXERCICES PRÉCÉDENTS.

SYLLABES.

As. cè. fe. fi. gu. in. mi. na. né. nê. nò. pé. pê. râ. rè. tu, vô. blâ.

chê. cou. crâ. crê. fer. flû. glé. grê. lai. mar. plâ. pôt. prê. prô. quê. ran. ter. tro.

MOTS.

1 o-ra-g*e*. 2 fi-gu-r*e*. 3 i-ma-g*e*. 4 p*á*-tu-r*e*. 5 fer-m*e*-t*é*. 6 p*é*-che. 7 gr*é*-l*e*. 8 ch*é*-n*e*. 9 cr*é*-p*e*. 10 *é*-v*é*-qu*e*. 11 qu*é*-t*e*. 12 pr*é*-t*e*. 13 fe-n*é*-tr*e*. 14 so-lai-r*e*. 15 mar-qu*e*. 16 a-r*é*-ne. 17 c*é*-n*e*. 18 m*é*-na-g*é*-r*e*. 19 o-ran-g*e*. 20 r*é*-gl*é*. 21 as-p*é*-ri-t*é*. 22. v*é*-ri-t*é*. 23 a-tro-ci-t*é*. 24 a-vi-di-t*é*. 25 *é*-cou-t*é*. 26 d*é*-ter-mi-n*é*. 27 mo-bi-l*e*. 28 bl*á*-m*e*. 29 cr*á*-n*e*. 30 in-f*á*-m*e*. 31 r*á*-p*e*. 32 pl*á*-tr*e*. 33 ma-r*á*-tre. 34 pr*ó*-n*e*. 35

rô-ti. 36 *dé*-pôt. 37 nô-tr*e*. 38 vô-tr*e*. 39 flû-t*e*. 40 port*e*.

9.e EXERCICE.

S à la fin d'un mot, et précédé d'un *e* muet, ne se fait point sentir.

SYLLABES.

Ju. ou. su. ta. zo. ble. cle. cor. cri. gne. nan. plu. rou. tra. vra. vre. zai.

MOTS.

1 ai-me*s*. 2 ou-vre*s*. 3 ai-ma-ble*s*. 4 ca-pa-ble*s*. 5 fa-ci-le*s*. 6 rou-te*s*. 7 é-tu-de*s*. 8 zo-ne*s*. 9 ju-ge*s*. 10 ou-vra-ge*s*. 11 ta-ble*s*. 12 mi-ra-cle*s*. 13 cri-me*s*. 14 su-per-be*s*. 15 cou-vre*s*. 16 di-gne*s*. 17 dou-zaine*s*. 18

plu-mes. 19 ou-tra-ges. 20 cor-des. 21 Nan-tes.

10.e EXERCICE.

S à la fin d'un mot, et précédé d'un *e* fermé, ne se fait point non plus sentir.

SYLLABES.

Ap. gé. ha. mu. zé. man. mon. res. vas. vol.

MOTS.

1 ai-més. 2 cou-chés. 3 é-vi-tés. 4 ju-gés. 5 zé-lés. 6 a-do-rés. 7 pa-vés. 8 dé-vas-tés. 9 é-cou-lés. 10 ha-bi-tés 11 lo-gés. 12 man-gés. 13 mé-ri-tés. 14 mon-tés. 15 mu-ti-lés.

16 par-ta-gés. 17 por-tés. 18 restés. 19 ap-pe-lés. 20 ré-vol-tés.

11.e EXERCICE.

S à la fin d'un mot ne se fait point sentir, quelle que soit la lettre qui la précède.

SYLLABES.

Bu. du. jo. ni. no. ban. bli. don. lec. lon. pol. ren. ton. tor. tou. ven. ver. chan. chon. crou. dain. geur. gour. leur. loir. mand. ment. moin. pleu. plon. reur. teur. tron. veur.

MOTS.

1 mon-dains. 2 pleu-reurs. 3 plongeurs. 4 man-chons. 5 crou-tons.

6 dou-leurs. 7 tor-chons. 8 té-moins. 9 bu-veurs. 10 lo-geurs. 11 pol-trons. 12 par-loirs. 13 cor-dons. 14 châ-timents. 15 ai-mons. 16 chan-tons. 17 gour-mands. 18 lec-teurs. 19 galons. 20 a-ban-dons. 21 ver-tus. 22 ren-dus. 23 pro-mus. 24 vendus. 25 ai-mas. 26 tou-chas. 27 por-tas. 28 jo-lis. 29 a-no-blis. 30 fi-nis.

Excepté dans les mots suivants :

SYLLABES.

Ar. ag. ré. si. us. bus. gus. lus. mus. nus. ours. thus.

MOTS.

1 ours. 2 as. 3. Ar-gus. 4 Ar-thus. 5 Vé-nus. 6 Mo-mus. 7 Fa-bius. 8

ag-nu*s*. 9 bi-bu*s*. 10 calu*s*. 11 ré-bu*s*. 12 si-nu*s*.

12.e EXERCICE.

E muet, précédé de *i* ou de *u*, à la fin ou au milieu des mots, ne se fait point sentir.

SYLLABES.

En. hu. ru. vu. bou. pen. rai. tri. tour.

MOTS.

1 po-li*e*. 2 jo-li*e*. 3 fi-ni*e*. 4 ché-ri*e*. 5 é-tu-di*e*. 6 ru*e*. 7 é-tour-di*e*. 8 bou-gi*e*. 9 pa-tri*e*. 10 vu*e*. 11 tor-tu*e*. 12 co-hu*e*. 13 ma-la-di*e*. 14 in-fa-mi*e*. 15 a-mi*e*. 16 pri*e*-rai. 17 cri*e*-rai. 18 en-vi*e*-rait 19 per-du*e*. 20 pen-du*e*.

13.e EXERCICE.

Es, précédés de *i* ou de *u*, ne se fait point sentir.

SYLLABES.

Bâ. fon. gué.

MOTS.

1 po-li*es*. 2 jo-li*es*. 3 fi-ni*es*. 4 ché-ri*es*. 5 é-tu-di*es*. 6 ru*es*. 7 é-tour-di*es*. 8 bo-ugi*es*. 9 pa-tri*es*. 10 vu*es*. 11 tor-tu*es*. 12 co-hu*es*. 13 ma-la-di*es*. 14 in-fa-mi*es*. 15 a-mi*es*. 16 fon-du*es*. 17 gué-ri*es*. 18 bâ-ti*es*. 19 per-du*es*. 20 pen-du*es*.

14.e EXERCICE.

E muet, à la fin d'un mot, précédé

d'un *é* fermé, ne se fait point non plus sentir.

SYLLABES.

Bra. cré. for.

MOTS.

1 por-té*e*. 2 cor-vé*e*. 3 fer-mé*e*. 4 ar-mé*e*. 5 bor-dé*e*. 6 cu-vée. 7 ai-mé*e*. 8 sa-cré*e*. 9 pâ-té*e*. 10 for-cé*e*. 11 dé-co-ré*e*. 12 pa-ré*e*. 13 dé-ci-dé*e*. 14 cou-dé*e*. 15 ti-ré*e*. 16 bra-vé*e*. 17 cou-pé*e*. 18 fi-lé*e*. 19 fu-mé*e*. 20 i-dé*e*.

15.e EXERCICE.

S entre deux voyelles (*a*, *e*, *i*, *o*, *u* *et* *y*), a le son du *z*.

MOTS.

1 maison. 2 poison. 3 toison. 4 fusée. 5 choses. 6 faisant. 7 oiseux. 8 toiseur. 9 liseur. 10 caserne. 11 nasal. 12 blason. 13 Asie. 14 asile. 15 ruse. 16 saison. 17 président. 18 prose. 19 raison. 20 rose.

16.e EXERCICE.

Ç avec une cédille, devant *a*, *o*, *u*, a le son de l'*s*.

MOTS.

1 rançon. 2 poinçon. 3 leçon. 4 reçu. 5 forçat. 6 soupçon. 7 tierçon. 8 français. 9 façade. 10 perçu. 11

lança. 12 conçu. 13 garçon. 14 tronçon. 15 balançoire. 16 balança. 17 françois. 18 forçâtes. 19 aperçûmes. 20 avançâmes.

17.e EXERCICE.

Deux *ss* de suite se font sentir.

MOTS.

1 ble*ss*e. 2 pare*ss*e. 3 fine*ss*e. 4 ba*ss*e*ss*e. 5 prome*ss*e. 6 reçu*ss*es. 7 perçu*ss*e. 8 confe*ss*es. 9 adre*ss*es. 10 délicate*ss*e. 11 care*ss*es. 12 carro*ss*es. 13 guéri*ss*e. 14 fini*ss*e. 15 rendi*ss*es. 16 aima*ss*es. 17 chanta*ss*e. 18 fa*ss*e. 19 défendi*ss*e. 20 aperçu*ss*e.

18.e EXERCICE.

Articulation propre de la lettre *l*, doublée ou simple, précédée d'un *i*.

MOTS.

1 m*ill*e. 2 tranqu*ill*e. 3 pup*ill*e. 4 *ill*ustre. 5 *ill*icite. 6 f*il*. 7 prof*il*. 8 civ*il*. 9 vir*il*. 10 volat*il*. 11 v*ill*e. 12 morf*il*. 13 ut*il*e. 14 *ill*égal. 15 *ill*usoire. 16 m*il*ieu. 17 v*ill*age. 18 p*il*e. 19 puér*il*. 20 arg*ile*.

19.e EXERCICE.

Mots ou la lettre *l*, doublée ou simple, et précédée d'un *i*, est mouillée.

MOTS.

1 famil*ll*e. 2 vei*ll*e. 3 fi*ll*e. 4 bri*ll*e. 5 bai*ll*ons. 6 bou*i*llie. 7 cai*ll*ou. 8 ga*i*llard. 9 grosei*ll*e. 10 goupi*ll*on. 11 gri*ll*e. 12 limai*ll*e. 13 pai*ll*e. 14 rai*ll*eur. 15 boui*ll*on. 16 trava*il*. 17 bab*il*. 18 conse*il*. 19 pare*il*. 20 avr*il*.

20.e EXERCICE.

M a le son de *n* nasal, quand elle est au milieu d'un mot, devant *b*, *n* ou *p*.

MOTS.

1 e*m*ploi. 2 e*m*barras. 3 e*m*pire. 4 la*m*pion. 5 fla*m*beau. 6 ca*m*pagne.

7 se*m*blable. 8 i*m*patience. 9 co*m*-paraison. 10 septe*m*bre. 11 ba*m*bou. 12 la*m*beau. 13 i*m*pro*m*ptu. 14 ja*m*-bon. 15 i*m*posteur. 16 auto*m*ne. 17 i*m*primeur. 18 ja*m*be. 19 da*m*-nation. 20 i*m*parfait.

21.e EXERCICE.

Deux *nn* de suite se font sentir, mais sans avoir un son nasal.

MOTS.

1 a*nn*al. 2 i*nn*é. 3 perso*nn*e. 4 couro*nn*e. 5 i*nn*ocence. 6 e*nn*emi. 7 i*nn*ombrable. 8 i*nn*ovateur. 9 do*nn*e. 10 a*nn*iversaire. 11 ba*nn*i. 12 bo*nn*e. 13 ca*nn*e. 14 co*nn*aître.

15 co*nn*u. 16 ha*nn*eton. 17 ma*nn*e. 18 pa*nn*e. 19 mo*nn*aie. 20 pi*nn*ule.

22.e EXERCICE.

Tion et *tieux* se prononcent *cion* et *cieux*.

MOTS.

1 ac*tion*. 2 ambi*tieux*. 3 propo-si*tion*. 4. observa*tion*. 5 minu*tieux*. 6 ra*tion*. 7 fac*tieux*. 8 conscrip*tion*. 9 facé*tieux*. 10 jonc*tion*. 11 trans-crip*tion*. 12 distinc*tion*. 13 cau*tion*. 14 cap*tieux*. 15 loca*tion*. 16 grati-fica*tion*. 17 habita*tion*. 18 mortifi-ca*tion*. 19 conten*tieux*. 20 néga*tion*.

21 satisfac*tion*. 22 dona*tion*. 23 dic-*tion*. 24 por*tion*. 25 po*tion*.

23.e EXERCICE.

Tie se prononce ordinairement *ci*.

MOTS.

1 pa*tie*nt. 2 prima*tie*. 3 minu*tie*. 4 balbu*tie*. 5 véni*tie*n. 6 capé*tie*n. 7 impa*tie*nce. 8 Dona*tie*n. 9 Roga-*tie*n. 10 Domi*tie*n. 11 Gra*tie*n. 12 inep*tie*. 13 Béo*tie*. 14 facé*tie*. 15 Croa*tie*. 16 sa*tié*té.

Excepté dans les mots suivants :

1 par*tie*. 2 lo*tie*. 3 châ*tie*. 4 rô*tie*. 5 sor*tie*. 6 conver*tie*. 7 an*tie*nne. 8 appren*tie*. 9 or*tie*. 10 hos*tie*.

24.e EXERCICE.

Gea, *geo*, se prononcent *ja*, *jo*.

MOTS.

1 ven*gea*nce. 2 plon*geo*n. 3 man*gea*. 4 ven*geo*ns. 5 man*gea*nt. 6 ga*gea*. 7 ju*gea*nt. 8 char*gea*. 9 chan*gea*nt. 10 corri*geo*ns. 11 parta*gea*. 12 dra*geo*n. 13 égor*gea*. 14. ména*geo*ns. 15 enga*gea*nt. 16 for*geo*ns. 17 jau*gea*ge. 18 lo*gea*ble. 19 man*geo*ire. 20 na*geo*ire.

Mais *géa*, *géo*, conservent leur prononciation ordinaire.

1 *géa*nt. 2 *géo*logie. 3 *géo*mancie. 4 *géo*métrie. 5 *géo*rgiques. 6 *géo*mètre.

25.e EXERCICE.

Ph a le son de l'*f*.

MOTS.

1 *ph*ilosop*h*e. 2 blas*ph*ême. 3 Joseph. 4 é*ph*émère. 5 *Ph*aéton. 6 *ph*alange. 7 *Ph*araon. 8 *ph*arisien. 9 *ph*armacie. 10 *Ph*arsale. 11 *ph*ase. 12 *ph*ilosop*h*ale. 13 *ph*os*ph*ore. 14 *ph*rase. 15 Bos*ph*ore. 16 *ph*oque. 17 *ph*are. 18 *ph*énix. 19 *ph*énomène. 20 géogra*ph*ie.

26.e EXERCICE.

R final, précédé de *e*, ne se fait point ordinairement sentir.

MOTS.

1 boulanger. 2 horloger. 3 chanter. 4 aimer. 5 danser. 6 cacher. 7 donner. 8. trouver. 9 accepter. 10 mouiller. 11 châtier. 12 excepter. 13 pêcher. 14 pécher. 15 confesser. 16 patienter. 17 calculer. 18 conseiller. 19 veiller. 20 berger.

Excepté dans les mots suivants :

1. amer. 2 belvéder. 3 cancer. 4 cuiller. 5 enfer. 6 hiver. 7 Lucifer. 8 fer. 9 ver. 10 mer.

27.e EXERCICE.

Qua, *que*, *qui* se prononcent *coua*, *cue*, *cui*, dans les mots suivants.

MOTS.

1 a*qua*tile. 2 a*qua*tique. 3 é*qua*teur. 4 *qua*drature. 5 *que*steur. 6 *qua*druple. 7 é*que*stre. 8 *qui*ndécagone. 9 *quinqua*génaire. 10 *qui*ntuple. 11 é*qui*latéral. 12 é*qui*angle.

28.e EXERCICE.

Cha, *cho* , *chu* , *chr* , se prononcent dans les mots suivants *ca*, *co*, *cu* , *cr*.

MOTS.

1 eu*cha*ristie. 2 ar*cha*nge. 3 ana*cho*rète. 4 caté*chu*mène. 5 *Cha*m. 6 *Cha*naan. 7 *chœ*ur. 8 *cho*riste. 9 *cho*rus. 10 *chr*étien. 11 *chr*onolo-

gie. 12 *chr*onique. 13 *chr*istianisme. 14 *Chr*ist.

29.e EXERCICE.

P ne se prononce point au milieu des mots suivants.

MOTS.

1 ba*p*tême. 2 ba*p*tiser. 3 exem*p*ter. 4 com*p*te. 5 com*p*toir. 6 prom*p*titude. 7 se*p*tième.

30.e EXERCICE.

C final sonne dans les mots suivants.

MOTS.

1 cogna*c*. 2 sa*c*. 3 be*c*. 4 ave*c*. 5

Agaric. 6 caduc. 7 choc. 8 duc. 9 estoc. 10 Languedoc. 11 bissac. 12 Maroc. 13 sec. 14 pic.

Mais il ne sonne pas dans ceux-ci :

1 tabac. 2 clerc. 3 marc. 4 blanc. 5 franc. 6 jonc. 7 tronc. 8 broc. 9 estomac.

31.e EXERCICE.

Sc au commencement ou au milieu d'un mot, et suivi d'un *e* ou d'un *i*, ont le son de l'*s* simple.

MOTS.

1 *sc*ène. 2 *sc*eptique. 3 *sc*ience. 4. *sc*ier. 5 de*sc*endre. 6 *sc*eau. 7 dis*c*iple. 8 *sc*élérat. 9 *sc*ellé. 10 *sc*eptique. 11 *sc*eptre. 12 con*sc*ience. 13

condes*c*endance. 14 adoles*c*ence. 15 convales*c*ence. 16 des*c*endant.

32.e EXERCICE.

S au commencement d'un mot et suivie de *che* ou de *chi*, ne se prononce pas.

MOTS.

1 *sc*helling. 2 *sc*hisme. 3 *sc*hal. 4 *sc*hismatique.

33.e EXERCICE.

S au commencement d'un mot se prononce, quand elle est suivie de *ca*, *co*, *cu*, *cr*.

MOTS.

1 *s*capulaire. 2 *s*colaire. 3 *s*cru-pule. 4 *s*culpteur. 5 *s*cabreux. 6 *s*ca-lène. 7 *s*candale. 8 *s*cholie. 9 *s*corbut. 10 *s*cribe. 11 *s*crutateur. 12 *s*cor-pion. 13 *s*colastique.

34.e EXERCICE.

S au commencement d'un mot se prononce aussi, quand elle est suivie de *p* ou de *t*.

MOTS.

1 *s*pacieux. 2 *s*patule. 3 *s*pécial. 4. *s*pectacle. 5 *s*péculation. 6 *s*phère. 7 *s*pirale. 8 *s*pirituel. 9 *s*pontané. 10 *s*plendeur. 11 *s*table. 12 *s*tage. 13

*s*talle. 14 *s*tère. 15 *s*térile. 16 *s*timulant. 17 *s*tomacal. 18. *s*tupeur. 19 *s*tupide. 20 *s*tructure.

35.e EXERCICE.

La syllabe *eau* se prononce *o*.

MOTS.

1 troup*eau*. 2 tomb*eau*. 3 vaiss*eau*. 4 b*eau*. 5 nouv*eau*. 6 tabl*eau*. 7 boiss*eau*. 8 corb*eau*. 9 cord*eau*. 10 mart*eau*. 11 cop*eau*. 12 drap*eau*. 13 cout*eau*. 14 morc*eau*. 15 chapit*eau*. 16 chap*eau*. 17 bord*ereau*. 18 band*eau*. 19 cad*eau*. 20 orm*eau*.

36.e EXERCICE.

Quand on peut mettre *ils* ou *elles* devant un mot finissant par *ent*, les lettres *nt* ne se prononcent pas.

MOTS.

1. aime*nt*. 2 finisse*nt*. 3 vende*nt*. 4 rende*nt*. 5 trouve*nt*. 6 adore*nt*. 7 punisse*nt*. 8 défende*nt*. 9 vive*nt*. 10 coure*nt*. 11 doive*nt*. 12 sente*nt*. 13 peuve*nt*. 14 vale*nt*. 15 entende*nt*. 16 réponde*nt*. 17 perde*nt*. 18 boive*nt*. 19 mange*nt*. 20 pense*nt*. 21 donne*nt*. 22 dorme*nt*. 23 tienne*nt*. 24 prenne*nt*. 25 peigne*nt*. 26 écrive*nt*. 27 lise*nt*. 28 orne*nt*. 29 paraisse*nt*. 30

connaisse*nt*. 31 fasse*nt*. 32 guéris-se*nt*. 33 conseille*nt*. 34 adoucisse*nt*. 35 maigrise*nt*. 36 ignore*nt*. 37 dé-clame*nt*. 38 organise*nt*. 39 com-mette*nt*. 40 ouvre*nt*.

37.e EXERCICE.

Les syllabes *aient* et *raient*, à la fin des mots, se prononcent *ai* et *rai*.

MOTS.

1. aim*aient*. 2 aime*raient*. 3 ven-d*aient*. 4 vend*raient*. 5 recev*aient*. 6 recev*raient*. 7 rend*aient*. 8 ren-d*raient*. 9 trouv*aient*. 10 trouve-*raient*. 11 viv*aient*. 12 viv*raient*.

13 dev*aient*. 14 dev*raient*. 15 confond*aient*. 16 confond*raient*. 17 répond*aient*. 18 répond*raient*. 19 mord*aient*. 20 mord*raient*.

38.e EXERCICE.

Emm, au commencement d'un mot, se prononcent *an*, et au milieu *am*.

MOTS.

1 *emm*agasiner. 2 *emm*ancher. 3 *emm*êlé. 4 *emm*ariner. 5 *emm*énager. 6 *emm*ener. 7 *emm*enoter. 8 *emm*ailloter. 9 *emm*ieller. 10 *emm*useler. 11 éloqu*emm*ent. 12 sci*emm*ent. 13 prud*emm*ent. 14 dilig*emm*ent.

15 différ*emm*ent. 16 réc*emm*ent. 17 compét*emm*ent. 18 ard*emm*ent. 19 appar*emm*ent. 20 concurr*emm*ent.

39.e EXERCICE.

Quand *h* est précédée de *t*, elle ne se prononce pas.

MOTS.

1 antipa*th*ie. 2 au*th*entique. 3 ca*th*olique. 4 ca*th*édrale. 5 li*th*arge. 6 Li*th*uanie. 7 Lu*th*er. 8 ma*th*ématiques. 9 pan*th*éon. 10 pan*th*ère. 11 *Th*alie. 12 *Th*éophile. 13 *th*éâtre. 14 *th*ème. 15 *th*ermidor. 16 *th*ermomètre. 17 *th*éologie. 18 *th*èse 19 *th*éorie. 20 *th*éodicée.

40.e EXERCICE.

Y a ordinairement le son de l'*i* simple.

MOTS.

1 ph*y*sique. 2 ét*y*mologie. 3 s*y*ntaxe. 4 h*y*pocrisie. 5 *Y*ves. 6 h*y*perbole. 7 h*y*men. 8 h*y*draulique. 9 h*y*dre. 10 h*y*drogène. 11 h*y*dromètre. 12 h*y*dropique. 13 ph*y*sionomie.

Excepté dans les mots suivants, où l'*y* a le son de deux *i i*.

1 pa*y*s. 2 mo*y*en. 3 jo*y*eux. 4 cito*y*en. 5 emplo*y*er. 6 ro*y*al. 7 ro*y*aume. 8 appu*y*er. 9 pa*y*san. 10 pa*y*sage. 11 pa*y*er.

41.e EXERCICE.

On appelle *Tréma* deux points placés sur les voyelles *ë*, *ï*, *ü*, pour faire connaître que ces lettres doivent être prononcées séparément de la voyelle qui précède.

MOTS.

1 haïr. 2 païen. 3 ambiguë. 4 aiguë. 5 ciguë. 6 Adélaïde. 7 Danaïdes. 8 Thébaïde. 9 faïence. 10 judaïque. 11 judaïsme. 12 naïf. 13 naïveté. 14 prosaïque. 15 stoïcien. 16 héroïque. 17 Moïse. 18 Saül. 19 Noël. 20 Esaü.

42.e EXERCICE.

Mots dans lesquels les articulations finales ne se prononcent pas.

MOTS.

1 plom*b*. 2 cle*f*. 3 bari*l*. 4 couti*l*. 5 outi*l*. 6 fusi*l*. 7 sourci*l*. 8 cam*p*. 9 galo*p*. 10 lou*p*. 11 dra*p*. 12 cou*p*. 13 Monsieu*r*. 14 cor*p*s. 15 exem*p*t. 16 almana*ch*. 17 instin*ct*. 18 pou*ls*. 19 fau*lx*. 20 soû*l*. 21 prom*pt*. 22 doi*gt*. 23 le*gs*. 24 poin*g*. 25 vin*gt*. 26 haren*g*. 27 étan*g*. 28 ran*g*. 29 sein*g*. 30 lon*g*. 31 faubour*g*. 32 san*g* 33. parpain*g*.

MAXIMES

TIRÉES DE LA BIBLE.

1 L'orgueil est le principe et l'origine de tous les péchés. Celui qui y demeure attaché, sera rempli de malédiction.

2. Ne méprisez point un homme juste, quoiqu'il soit pauvre; et ne révérez point un pécheur, quoiqu'il soit riche.

3. Ne répondez point avant d'avoir écouté, et n'interrompez point une personne qui parle.

4. Les biens et les maux, la vie et la mort, la pauvreté et les richesses viennent de Dieu.

5. Faites du bien à l'homme juste, et vous en recevrez une grande récompense, sinon de lui, du moins du Seigneur.

6. Faites du bien à votre prochain avant la mort, et donnez l'aumône au pauvre selon votre pouvoir.

7. Que rien ne vous empêche de prier toujours, et ne cessez point de vous avancer dans la justice jusqu'à la mort, parce que la récompense de Dieu est éternelle.

8. Pensez souvent à la colère du dernier jour, et au temps où Dieu rendra à chacun selon qu'il aura vécu.

9. Le mensonge est dans un homme une tache honteuse: les gens mal élevés ont toujours le mensonge à la bouche.

10. Un voleur vaut mieux qu'un homme qui est dans l'habitude de mentir.

11. La vie des menteurs est une vie sans honneur, et la confusion qu'ils méritent, les accompagne toujours.

12. Mon fils, avez-vous commis quelque péché? N'y retombez plus, mais priez pour vos fautes passées, afin qu'elles vous soient pardonnées.

13. La prière du pauvre s'élèvera de sa bouche jusqu'à Dieu, et il se hâtera de lui faire justice.

14. Celui qui aime son fils, le châtie souvent, afin qu'il lui donne de la joie quand il sera grand.

15. Un cheval indompté devient intraitable, et l'enfant abandonné à sa volonté devient insolent.

16. Ne rendez point votre fils maître de lui-même dans sa jeunesse, et ne négligez point ses fautes.

17. Instruisez votre fils et travaillez à le former, de peur qu'il ne vous déshonore par sa vie honteuse.

18. Un pauvre qui est sain, et

qui a des forces, vaut mieux qu'un riche languissant.

19. Il n'y a point de richesses comparables à la santé du corps, ni de plaisir égal à la joie du cœur.

20. L'envie et la colère abrègent les jours, et l'inquiétude fait venir la vieillesse avant le temps.

21. Celui qui aime l'argent ne sera point innocent: l'argent en a précipité plusieurs dans le malheur.

22. La tempérance dans le boire et le manger, est la santé de l'âme et du corps.

23. Celui qui craint le Seigneur, ne craindra rien: il n'aura point de peur, parce que Dieu même est son espérance.

24. Que notre bouche ne s'accoutume point au jurement, car en jurant on offense Dieu.

25. Combien est grand celui qui a trouvé la sagesse et la science ! Mais rien n'est plus grand que celui qui craint Dieu.

26. Celui qui découvre les secrets de son ami, perd sa confiance, et il ne trouvera jamais d'amis selon son cœur.

27. Celui qui veut se venger, sentira la vengeance du Seigneur, et Dieu n'oubliera jamais ses péchés.

28. Pardonnez à votre prochain le mal qu'il vous a fait, et vos péchés vous seront remis, quand vous demanderez pardon.

29. Ayez la crainte de Dieu devant les yeux, et ne vous laissez point aller à la colère contre votre prochain.

30. Evitez les disputes, et vous couperez la racine à bien des maux.

31. Assistez le pauvre, parce que Dieu vous le commande.

32. Le Seigneur n'a point d'égard à la qualité des personnes, et il exaucera la prière de quiconque est maltraité injustement.

33. Celui qui sert Dieu avec joie, sera bien reçu de lui, et sa prière montera jusqu'au ciel.

34. La vie d'un homme qui se contente de ce qu'il gagne par son travail, est remplie de douceur.

35. On pleure les gens de bien lorsqu'on met leur corps en terre; mais la mémoire des méchants sera anéantie.

36. La crainte du Seigneur est le commencement de la sagesse. Les insensés méprisent la sagesse et l'instruction.

37. Mon fils, si les méchants veulent vous attirer par leurs caresses, ne vous y laissez point aller.

38. Mon fils, n'oubliez point ma loi, dit le Seigneur, et que votre cœur garde mes commandements; car vous y trouverez la longue vie et la paix.

39. Pensez à Dieu dans toutes vos actions, et il conduira lui-même vos pas.

40. Mon fils, ne rejettez point la correction du Seigneur, et ne vous laissez point abattre par le chagrin lorsqu'il vous châtie. Car le Seigueur châtie celui qu'il aime, comme un père corrige son fils qu'il chérit tendrement.

41. Ne détournez personne de faire du bien à ceux qui sont dans le besoin. Faites-leur vous-même du bien, si vous en avez le pouvoir.

42. Ne dites point à votre prochain: allez et revenez, je vous le donnerai demain, lorsque vous pouvez le lui donner à l'heure même.

43. N'abusez point de la confiance que votre prochain a en vous, pour lui faire du mal.

44. Le Seigneur enverra l'indigence dans la maison de l'impie; mais il bénira la demeure des justes.

45. Un enfant qui est sage, est la joie de son père: l'enfant insensé est la tristesse de sa mère.

46. Celui qui est vraiment sage, reçoit volontiers les avis qu'on lui donne: l'insensé au contraire s'offense de ce qu'on lui dit.

47. Celui qui profite des avis et des corrections, est dans le chemin de la vie; mais celui qui néglige les réprimandes s'égare.

48. Quiconque parle beaucoup, ne sera point exempt de péché: mais celui qui sait retenir sa langue, est très-prudent.

49. La crainte du Seigneur, prolonge les jours : les années des méchants seront abrégées.

50. Les uns donnent ce qui est à eux, et sont toujours riches : les autres ravissent le bien d'autrui, et sont toujours pauvres.

51. Si le juste est puni sur la terre, combien plus le méchant et le pécheur.

52. La langue qui profère des mensonges, est en abomination au Seigneur : mais ceux qui agissent avec sincérité, lui sont agréables.

53. Le paresseux veut et ne veut pas : ceux qui travaillent vivront dans l'abondance.

54. Celui qui méprise son pro-

chain, pèche : mais celui qui a compassion du pauvre, sera bienheureux.

55. Qu'un autre vous loue, et non votre bouche; que ce soit un étranger, et non vos propres lèvres.

56. Celui qui donne au pauvre, ne sera jamais dans le besoin; mais celui qui rejette sa prière, tombera lui-même dans l'indigence.

57. Le juste prend connaissance des besoins des pauvres : mais le méchant ne s'informe de rien.

58. Ayez du Seigneur des sentiments dignes de lui; et cherchez-le avec un cœur simple.

59. Toute sagesse vient de Dieu : elle a toujours été avec lui, et elle y est avant tous les siècles.

60. Celui qui craint le Seigneur, se trouvera heureux à la fin de sa vie; et il sera béni au jour de sa mort.

61. La crainte du Seigneur est le commencement de la sagesse.

62. Mon fils, si vous désirez la sasagesse, observez les commandements de Dieu, et il vous la donnera.

63. Vous qui craignez le Seigneur, croyez en lui, et vous ne perdrez point votre récompense.

64. Vous qui craignez le Seigneur, aimez-le; et vos cœurs seront éclairés et remplis de consolation.

65. Mon fils, soulagez votre père et votre mère dans leur vieillesse, et

ne les attristez point durant leur vie.

66. Combien est infâme celui qui abandonne son père! Et combien est maudit de Dieu celui qui aigrit l'esprit de sa mère!

67. Mon fils, montrez de la douceur dans tout ce que vous faites, et vous serez plus aimé que si vous faisiez les actions les plus éclatantes aux yeux des hommes.

68. Mon fils, ne privez pas le pauvre de son aumône, et ne détournez pas vos yeux de dessus lui.

69. N'attristez point le cœur du pauvre, et ne différez point de donner à celui qui se trouve dans un besoin pressant.

70. Ne rougissez point de dire la

vérité, quand il s'agirait de votre vie.

71. Ne rougissez point d'avouer vos fautes.

72. Ne dites point : J'ai péché, et quel mal m'en est-il arrivé? Car le Seigneur est lent à punir.

73. Ne différez point de vous convertir au Seigneur; et ne remettez point de jour en jour votre retour vers lui. Car sa colère éclatera tout d'un coup, et il vous perdra au jour de la vengeance.

74. Tâchez d'avoir beaucoup d'amis avec qui vous puissiez vivre. Mais choisissez entre mille celui dont vous voulez prendre conseil.

75. Si vous voulez avoir un ami, ne le prenez qu'après l'avoir éprouvé,

et ne vous fiez pas sitôt à lui. Car tel est ami, qui ne l'est que tant qu'il y trouve son avantage, et qui cessera de l'être au jour de l'affliction.

76. Si vous connaissez un homme sage, allez le trouver dès le point du jour, et que votre pied presse souvent le seuil de sa porte.

77. Ne faites point de mal, et il ne vous en arrivera point. Fuyez l'injustice, et le péché s'éloignera de vous.

78. Ne négligez point de prier et de faire l'aumône.

79. Craignez le Seigneur de toute votre âme, et ayez de la vénération pour ses prêtres.

80. Ouvrez votre main au pauvre,

afin que votre sacrifice et votre offrande soient parfaits.

81. Ne manquez pas de consoler ceux qui sont dans la tristesse ; et pleurez avec ceux qui pleurent.

82. Ne méprisez point un homme dans sa vieillesse : car ceux qui vieillissent ont été comme nous.

83. Un homme qui a peu d'esprit et de lumière, mais qui a la crainte de Dieu, vaut mieux que celui qui a de grands talents, et qui viole la loi du Seigneur.

84. Bienheureux ceux qui sont miséricordieux, parce qu'ils obtiendront eux-mêmes miséricorde.

85. Bien heureux ceux qui ont le cœur pur, parce qu'ils verront Dieu.

86. Bienheureux les pacifiques, parce qu'ils seront appelés enfants de Dieu.

87. Bienheureux ceux qui souffrent persécution pour la justice, parce que le royaume des cieux est à eux.

88. Je vous dis, dit Jésus-Christ, que quiconqne se mettra en colère contre son frère, méritera d'être condamné.

89. Lorsque vous présentez votre offrande à l'autel, si vous vous souvenez que votre frère a quelque chose contre vous, laissez là votre don devant l'autel, et allez vous réconcilier auparavant avec votre frère, et puis vous reviendrez offrir votre don.

90. Aimez vos ennemis, faites du bien à ceux qui vous haïssent, et priez pour ceux qui vous persécutent et qui vous calomnient.

91. Si vous ne pardonnez point aux autres leurs fautes, Dieu ne vous pardonnera point non plus vos péchés.

92. Faites donc aux hommes tout ce que vous voulez qu'ils vous fassent.

93. Venez à moi, dit Jésus-Christ, vous tous qui êtes fatigués et qui êtes chargés, et je vous soulagerai.

94. Or, je vous déclare, dit notre Seigneur, qu'au jour du jugement, les hommes rendront compte de toute parole inutile qu'ils auront dite.

95. Je vous dis en vérité, dit

Jésus-Christ, que si vous ne vous convertissez, et si vous ne devenez comme de petits enfants, vous n'entrerez point dans le royaume des cieux.

96. Si votre frère a péché contre vous, allez lui représenter sa faute en particulier, entre vous et lui; s'il vous écoute, vous aurez gagné votre frère.

97. Laissez là ces enfants, dit notre Seigneur, et ne les empêchez pas de venir à moi; car le royaume du ciel est pour ceux qui leur ressemblent.

98. Je vous louerai, Seigneur, de toute l'étendue de mon cœur; je raconterai toutes vos merveilles.

99. Le Seigneur est devenu le refuge du pauvre, et il vient à son secours, lorsqu'il en a besoin, et qu'il est dans l'affliction.

100. Conservez-moi, Seigneur, parce que j'ai mis en vous mon espérance.

101. J'ai crié vers vous, ô Dieu, parce que vous m'avez exaucé; prêtez l'oreille pour m'écouter, et exaucez mes paroles.

102. J'invoquerai le Seigneur en le louant, et il me sauvera de mes ennemis.

103. Ayez Dieu dans l'esprit, tous les jours de votre vie, et gardez-vous de consentir jamais à aucun péché, et de violer les préceptes du Seigneur, notre Dieu.

104. Faites l'aumône de votre bien, et ne détournez votre visage d'aucun pauvre; car, de cette sorte, le Seigneur ne détournera point non plus son visage de dessus vous.

105. Soyez charitable en la manière que vous le pourrez : si vous avez beaucoup de bien, donnez beaucoup ; si vous en avez peu, ayez soin de donner de bon cœur de ce peu même.

106. L'aumône sera le sujet d'une grande confiance devant le Dieu suprême, pour tous ceux qui l'auront faite.

107. Ne souffrez jamais que l'orgueil domine, ou dans vos pensées, ou dans vos paroles ; car c'est par

l'orgueil que tous les maux ont commencé.

108. Prenez garde de ne faire jamais à un autre ce que vous seriez fâché qu'on vous fît.

109. Demandez toujours conseil à un homme sage.

110. Ne vous souvenez point des fautes de ma jeunesse, ni de mes ignorances : Souvenez-vous de moi selon votre miséricorde ; souvenez-vous-en, Seigneur, à cause de votre bonté.

111. Le Seigneur est mon aide et mon protecteur : Mon cœur a mis en lui son espérance, et j'ai été secouru.

112. Seigneur, mon Dieu, j'ai crié vers vous, et vous m'avez guéri.

113. Je remets mon âme entre vos mains ; vous m'avez racheté, Seigneur, Dieu de vérité.

114. Heureux l'homme à qui le Seigneur n'a imputé aucun péché, et dont l'esprit est exempt de tromperie.

115. Le pécheur sera exposé à un grand nombre de peines ; mais pour celui qui espère au Seigneur, il sera tout environné de sa miséricorde..

116. Le Seigneur aime la miséricorde et la justice. La terre est toute remplie de sa miséricorde.

117. Heureuse la nation qui a le Seigneur pour son Dieu. Heureux le peuple qu'il a choisi pour son héritage.

118. Seigneur, ne me reprenez pas dans votre fureur, et ne me punissez pas dans votre colère.

119. Ce sera toujours en Dieu que nous mettrons notre gloire ; et nous donnerons éternellement des louanges à votre saint nom.

120. Dieu est notre refuge et notre force ; et c'est lui qui nous assiste dans les grandes afflictions qui nous ont enveloppés.

121. Ayez pitié de moi, ô mon Dieu, selon votre grande miséricorde, et effacez mon iniquité selon la multitude de vos bontés.

FIN.

www.ingramcontent.com/pod-product-compliance
Ingram Content Group UK Ltd.
Pitfield, Milton Keynes, MK11 3LW, UK
UKHW012255240726
13966UKWH00004B/1422